Papa, Maman, Boule...

DUPUIS

Dépôt légal : mars 1989 D.1972/0089/101
ISBN 2-8001-0037-0 ISSN 0771-8802

Imprimé en Belgique.

Pif !

OUI, BILL, BONJOUR, BONJOUR!
WAF! WOF!

AAAAH!! TON... TONTON...TON NEZ !!??!

PAPA!!
CHEZ LE VÉTÉRINAIRE, ET EN VITESSE!!

PAPA!...ATTENDS!
SEIGNEUR, FAITES QUE CETTE ENFLURE NASALE NE SOIT RIEN DE GRAVE!
VRAOOM!
489A

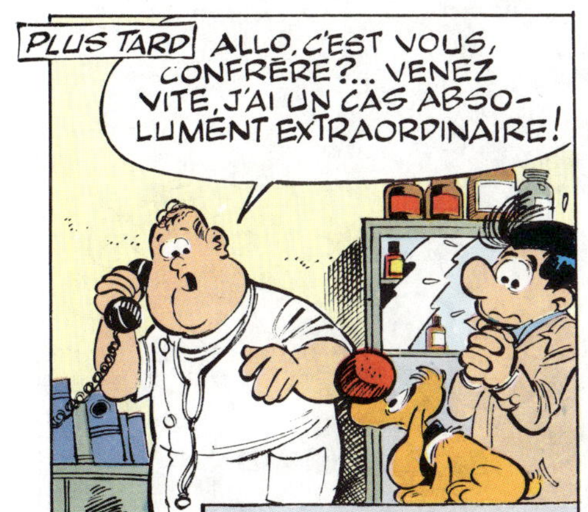

PLUS TARD
ALLO, C'EST VOUS, CONFRÈRE?... VENEZ VITE, J'AI UN CAS ABSOLUMENT EXTRAORDINAIRE!

ALLO! L'ORDRE DES VÉTÉRINAIRES? VENEZ TOUS!
C'EST ROND, C'EST TOUT ROUGE ET C'EST MOU... QU'EST-CE QUE C'EST?...
UNE TOMATE UN PEU BLETTE!
BEN, ÇA!

ATTENTION!... ÇA VA ÉTERNUER!!
SNIF! SNIF!
!

TCHARF
?
POP!
?

JE CONFIRME MON DIAGNOSTIC, CHERS CONFRÈRES... CECI EST BIEN UNE BALLE DE CAOUTCHOUC!
ALORS, COMME ÇA, MONSIEUR EST UN PETIT COMIQUE, HEIN?!

J'AI DÛ TRAVERSER TOUTE LA VILLE AVEC ÇA SUR LE PIF!... TU IRAS À L'ÉCOLE AVEC! C'EST UN ORDRE!
Roba
489B

Virage dangereux !

Pur coup de sang !

Que d'œufs, que d'œufs !

Sur le chemin de l'école

Jeu de la souris...

... Et du chat

GRRR!
GROAF!

BLAM
HI!HI!HI!

CETTE FOIS, C'EN EST TROP!... J'AI HORREUR DE FAIRE ÇA, MAIS TANT PIS POUR MA FIERTÉ!... ET PUIS, COMME DISENT LES HOMMES: AUX GRANDS MAUX, LES GRANDS REMÈDES!

ÇA VA, ÇA VA!... ARRÊTEZ VOTRE CINÉMA!... JE VIENS TRAITER UNE AFFAIRE!
SHHH!
FFFFF!
495A

QUOI? CHASSER UNE SOURIS DANS UNE MAISON OÙ IL Y A UN CHIEN?... JAMAIS! DEMANDE ÇA AU VIEUX LUSTUGRIS... IL "TRAVAILLE" POUR N'IMPORTE QUI, LUI!... POUR AUTANT QUE TON FRIGO SOIT BIEN GARNI...

PARAÎT QUE C'EST TOI, LE VIEUX LUSTUGRIS?! ALORS ÉCOUTE... IL Y A UNE SOURIS À LA MAISON!... DANS CETTE MAISON, IL Y A UN FRIGO... DANS CE FRIGO, IL Y A UN RESTE DE MOU ET...
RRR

DU MOU!?!... JE SUIS TON CHAT!... OÙ EST TA MAISON?
?

PLUS TARD...
J'ESPÈRE QUE CE LUSTUGRIS N'EST PAS EN TRAIN DE PIQUER UN ROUPILLON APRÈS TOUT CE QU'IL A INGURGITÉ!... UN VÉRITABLE DÉVALISEUR DE FRIGO!

AH! IL EST LÀ-BAS, SOUS L'ARMOIRE... QUELLE DRÔLE DE POSITION IL A!?!... SANS DOUTE CELLE DU CHAT À L'AFFÛT!

QUELQUE CHOSE ME DISAIT QU'UN CHAT À L'AFFÛT EST RAREMENT SUR LE DOS!
RRRR
PAR ICI LA SORTIE!
Roba
495B

Doux réveil

BILL!...CAROLINE S'EST RÉVEILLÉE!
ENFIN!

WIF! WIF!

WAF WIF WAF!
496A

EXCUSE-MOI, JE N'ÉTAIS PAS ENCORE BIEN ÉVEILLÉE!... BONJOUR, BILL!...TU AS BIEN DORMI?
SMACK!

MON GRAND FOU SENTIMENTAL!
Roba
496B

Week-end sous la tente

Basket-Bill

BILL, ICI !
?
SI C'EST PAS MALHEUREUX ! JOUER À LA BALLE, À LEUR ÂGE !

TIENS ! ILS ME PASSENT LA BALLE !... ÇA, C'EST GENTIL !

AH ! ILS VEULENT JOUER !... HOP ! ALLONS-Y, ALORS !
498A

!
QUAND J'AI LA BALLE, JE NE LA LÂCHE PLUS !

PLUS QU'UNE SECONDE DE MATCH POUR ÉGALISER !... TANT PIS !

NON, MONSIEUR, CE N'EST PAS UN PANIER !... NON, MONSIEUR !
SI JAMAIS IL DIT QUE C'EST UN PANIER DE CHIEN ...
ON LE MORD !
BILL, DESCENDS !
Roba
498B

Nocturne

ZZZ
QU'EST-CE QUE C'EST QUE CETTE LUEUR ?... MAIS, MA PAROLE ?!?... ÇA VIENT DU JARDIN !

NOM D'UNE PIPE !... IL Y A UN RÔDEUR DANS LE JARDIN !... INUTILE D'APEURER TOUTE LA MAISON ! 'FAUT AGIR CALMEMENT ET SEUL !

IL SUFFIT PARFOIS DE LUI FLANQUER UNE BELLE FROUSSE POUR QUE CE GENRE D'INDIVIDU PRENNE LA FUITE !...

499 A

RENDEZ-VOUS ! VOUS ÊTES PRIS !

ALLEZ, HOP ! DEBOUT ET FILEZ, OU JE VOUS SABRE !

AYAAAAH !
NON ! ASSASSIN !

TU SAIS BIEN QUE CAROLINE FAIT DES INSOMNIES !... JE LUI AI INSTALLÉ UNE LAMPE, POUR SE PROMENER LA NUIT... ET TOI, TOI ... TU VOULAIS LA TUER !?!... MÉCHANT !
499 B

Long playing

Trou, là, là...

MILLE MILLIARDS DE MILLIONS DE
CRITCH
CRRRC

PAPA!... REGARDE!
ATTENDS UN PEU, SALE BESTIOLE!
CRRRTCH
501A

SCRRAC
SCRITCH

WAAH!
Roba
501B

Balade pour une salade

Cabotinage

JE SUIS CURIEUX DE VOIR FONCTIONNER CE NOUVEAU SYSTÈME DE DÉCLENCHEMENT PAR FAISCEAU ÉLECTRONIQUE... UNE FOLIE QUE JE ME SUIS PAYÉE, LÀ !...

TU COMPRENDS: CETTE PETITE BOÎTE EST RELIÉE À CELLE QUE J'AI DÉPOSÉE LÀ-BAS... ENTRE LES DEUX, UN RAYON INVISIBLE. TOUT ANIMAL QUI LE COUPE EN PASSANT PAR CETTE CLAIRIÈRE DÉCLENCHE À SON INSU L'APPAREIL, ET ZOU !... IL EST PHOTOGRAPHIÉ !

IL N'Y A PLUS QU'À ATTENDRE... ÉLOIGNONS-NOUS ET REVENONS TOUT À L'HEURE VOIR SI ÇA A FONCTIONNÉ !

MAIS OÙ RESTE LE CHIEN ?... BILL ?
BILL !

AH ! TE VOILÀ TOUT DE MÊME ! TRAÎNARD !
503A

TROIS JOURS PLUS TARD...
VOICI VOS PHOTOS !... FÉLICITATIONS ! ELLES SONT REMARQUABLES !... VOUS ÊTES VRAIMENT DOUÉ POUR LA PHOTO D'ANIMAUX !
AH, OUI ?
ayez le bon reflex
HAMER
PIKON

SI, SI, CROYEZ-MOI... JE M'Y CONNAIS !... SPLENDIDES, VOS INSTANTANÉS !
?

Roba
503B.

La bise

TU ES UN AMOUR DE PETIT TRÉSOR!... TIENS, JE TE FAIS LA BISE...
SMACK

504A

GNAP!

FAUT PAS QUE CE SOIT TOUJOURS LES MÊMES, NON?

SSMACK!
MERCI, MON GROS TOUTOU TRÉSOR!
Roba
504B

Plein le dos

WAF! WOUF! WAF!
PFF! PFF!

BILL!
WAF! WOUF! WOF!
PFF! PFF!

ARRÊTE!
BOM!

ÇA VA PAS, NON?!
BEN, QUOI, ON NE PEUT PLUS JOUER?
505A

PAUVRE CAROLINE!... NON MAIS, REGARDE-LA!... ELLE EST COMPLÈTEMENT ÉPUISÉE!... JE VEUX BIEN QUE TU JOUES AVEC ELLE, MAIS PAS COMME ÇA, GRANDE BRUTE!...

IL Y A TOUT DE MÊME DES JEUX QUI NE SONT PAS FAITS POUR LES TORTUES!... EST-CE QUE TU TE RENDS COMPTE QUE CETTE MALHEUREUSE PORTE UNE MAISON SUR SON DOS!?
UNE MAISON SUR SON DOS!... TSSS!... JE VOUS DEMANDE UN PEU!?!

MOUAIS!... TU N'AS PAS L'AIR DE VOULOIR COMPRENDRE!... ATTENDS UN PEU!
?

À TOI, CAROLINE!... À TON TOUR DE LE FAIRE COURIR!
BILL
!
Roba
505B

Tiens ! Voilà le facteur !

Kan courroux !

Spélé(os)logie

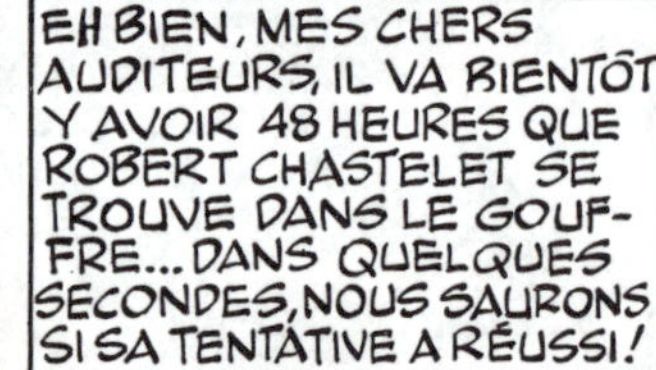

Qui va doucement...

Ça balance

CRROUÏC CRRROUI
TIREZ-VOUS DE LÀ !... C'EST PAS UN JEU POUR LES ANIMAUX, ÇA !

CRRROUÏC CRRROUÏ
AHLÀLÀ !!... CE BRUIT, ÇA M'ÉNERVE !
DEPUIS LE TEMPS QUE TU DOIS HUILER CETTE BALANÇOIRE... DE TOUTE FAÇON, IL EST TARD... BOULE DOIT ALLER SE COUCHER.

'R'VOIR, M'DAME ! 'R'VOIR, BOULE !
BONSOIR, POUF !
SALUT, POUF... À DEMAIN !
BZZ... BZZ BZZ...

PLUS TARD...
OUAHH !
BEN, TIENS, JE VAIS ME COUCHER AUSSI ! JE DOIS ME LEVER TRÈS TÔT DEMAIN !

Z Z Z
510 A

CRROUÏC CRROUÏ
?

JE RÊVE ?!!

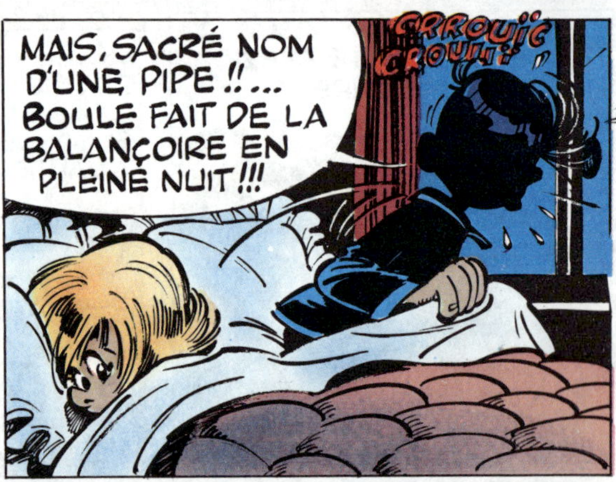
CRROUÏC CROUÏ
MAIS, SACRÉ NOM D'UNE PIPE !!... BOULE FAIT DE LA BALANÇOIRE EN PLEINE NUIT !!!

CRROUÏC CRROUÏ
BOULE ! SI TU NE RENTRES PAS IMMÉDIATEMENT, TU RECEVRAS LA PLUS BELLE TRIPOTÉE DE TA VIE !!
ZZZOUUU !
510 B

Promenons-nous dans les bois...

Piraterie

ABORDONS ICI, MATELOT! C'EST L'ENDROIT IDÉAL POUR ENTERRER NOTRE BUTIN!
HI! HI! ON JOUE AUX PIRATES!
BIEN, CAPITAINE!

MES PÂTÉS, PIRATES!
PLUS VITE, MATELOT!

MOI, J'ADORE LES HISTOIRES DE PIRATES!

UNE FOIS, DANS UN FILM, J'AI VU UN "TRUC" TERRIBLE!...
HOLÃ! MATELOT!... CREUSE-MOI UN TROU ICI!

...C'EST UN CRUEL CHEF PIRATE QUI FAIT CREUSER UN TROU PAR UN DE SES MATELOTS...
512 A

...IL Y CACHE SON TRÉSOR, ET PUIS...
!

?
KAÏ!
?

MAIS QU'EST-CE QU'IL LUI PREND!?!?
TCHOUF

!
...ET PUIS... C'EST AFFREUX!... IL TUE LE MATELOT QUI A CREUSÉ LE TROU, POUR QU'IL N'EN RÉVÈLE PAS L'EMPLACEMENT!!
WAOUUU!
?
SCRRAC!
TCHOUF!
BOM!
Roba
512 B

La voix de la conscience

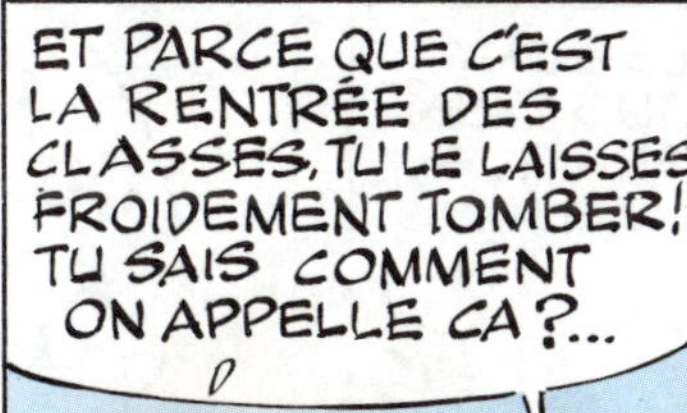

En chandelles

Comme un chien dans un jeu de quilles

(1) TERME DE BOWLING : LES 10 QUILLES ABATTUES DU PREMIER COUP.

Drame de l'air

En cercle !

PAPA !... JE PEUX AVOIR CETTE JANTE DE VÉLO ?... C'EST POUR EN FAIRE UN CERCEAU !
MAIS BIEN SÛR... C'EST UN TRÈS BEAU JEU, LE CERCEAU !

MERCI, P'PA !

AU FOND, CONTRAIREMENT À CE QUE L'ON CROIT, LA JEUNESSE N'A PAS CHANGÉ !

ET LA PETITE JANTE DE MON VIEUX TRICYCLE, JE PEUX L'AVOIR AUSSI, P'PA ?
?
517A

MERCI, P'PA !
SI !... IL Y A QUELQUE CHOSE DE CHANGÉ DANS LA JEUNESSE !
...

DE MON TEMPS, JAMAIS JE N'AURAIS SONGÉ À FAIRE UN CERCEAU AVEC UNE GRANDE ET UNE PETITE JANTE !

ÇA M'INTRIGUE !... PROBABLEMENT INFLUENCÉ PAR LE POP'ART, L'OP'ART ET TOUS CES TRUCS PSYCHÉDÉLIQUES !

Roba
517B.

Vilain pas beau !

Show business

Terre à terre et côte à côte

Cabotage

JE CROIS QUE CETTE SAISON DE CHASSE SERA FORMIDABLE !... MON CHIEN EST DANS UNE FORME ÉBLOUISSANTE !... ET LE TIEN ?
LE MIEN ? HA!HA!HA!

IL A SUBI UN DRESSAGE ET UN ENTRAÎNEMENT INTENSIFS DEPUIS TROIS MOIS !... UN VRAI CHAMPION, MON CHER !

PSST !
?
?

!
!
N'AVEZ PAS HONTE, NON !??
521 A

AVEZ-VOUS DÉJÀ CALCULÉ LE NOMBRE DE CAILLES, DE PERDRIX, DE FAISANS, DE LAPINS, ET J'EN PASSE... QUE VOUS AVEZ SUR LA CONSCIENCE ? TRAÎTRES !!

MAIS, MALHEUREUX, CE SONT VOS PETITS FRÈRES !...

PENDANT COMBIEN DE TEMPS ENCORE ALLEZ-VOUS COLLABORER À CE MASSACRE ?... RÉVOLTEZ-VOUS, NOM D'UN HOMME !!
Y A PAS À DIRE...
IL A RAISON !

PEU APRÈS...
C'EST BIEN, BILL, C'EST TRÈS BIEN !
NEMROD !... ICI !... ICI, JE DIS !
CARTOUCHE ! !! DEBOUT !
ALLEZ VOUS FAIRE CUIRE UN OEUF !
BLBLBLBL !
Roba 521

Gentiment

OH! LE JOLI SOURIRE QU'ELLE FAIT À LA DADAME, LA GENTILLE PETITE FILLE !

ET TU DONNES LA BELLE MAIN !... COMME TU ES MIGNONNE !

PUISQUE TU ES SI GENTILLE, JE T'OFFRE UN BONBON.

522 A

?

?
?
?

COMPLÈTEMENT IDIOT !

BOM!
?
?
Roba
522 B

Self-service

Chatmouflage

Les chevaliers

Roba

Réveille-matin

Mimétisme

BRR!... IL NE FAIT VRAIMENT PAS BEAU!... MAIS UNE PROMENADE DANS LE JARDIN TE FERA LE PLUS GRAND BIEN, CAROLINE!

RESPIRE BIEN À FOND, C'EST EXCELLENT CONTRE LES INSOMNIES!
SNIFFF!

HOULÀ!... ÇA SE GÂTE DE PLUS EN PLUS!

ET IL TOMBE DES GRÊLONS, À PRÉSENT!... BAH!... NOUS SOMMES COUVERTS!... PAS VRAI, CAROLINE?
AÏE!
OUÏE!
TOC!
HI! HI!HI!
527 A

AÏE!
KAÏ!
KAÏOUILLE!
TOC
TOC

ILS S'EN FICHENT PAS MAL, EUX, DE LA GRÊLE!... J'AI PAS DE CAPUCHON, MOI!... J'AI PAS DE CARAP...
?!

MAIS J'Y PENSE!!... CES GRÊLONS DOIVENT FAIRE TRÈS MAL À CE PAUVRE BI...
?!
CLANG
CLONG
BLONG
?!
Roba
527 B.

Epouvante

?
Hi!
Hi! Hi!
iiiii!

MiiAWRR! MiiAOUUU!
Hi! Hi!

BOUUUH!!
WAAAH!!

POUF!!... AH! C'EST MALIN!!
HA! HA! JE T'AI EU, HEIN?
528A

HÉ!!... QU'EST CE QUE TU...?
TAIS-TOI!... IL Y A LONGTEMPS QUE JE RÊVE DE FAIRE UNE BLAGUE À TON CHIEN!
Z
Z
Z

WOUHOUUU!
Z
Z
Z

WOUUUU!

RIEN À FAIRE!... AVEC LUI, ÇA NE...
! KAiiiii!

JE NE REMETTRAI PLUS JAMAIS LES PIEDS DANS CETTE MAISON!!
POUOUUUF! TU OUBLIES TON DRAP!
!?
Hi Hi! Hi!
528 B.
Roba

Goutte que goutte !

Complètement loufoque !

(1) COLLABORATION POUR L'ÉTHIQUE : PROFESSEUR DELLA PORTA.

Y a pas de justice !

Belle humeur

Chasse-neige

(1) VOIR GAG PRÉCÉDENT.

Voisinage

VOILÀ LE FILS DU VOISIN QUI FAIT UN DE CES STUPIDES BONSHOMMES DE NEIGE !

BEN, IL N'Y A PLUS QU'À L'HABILLER... JE VAIS DEMANDER À PAPA S'IL N'A PAS UN VIEUX CHAPEAU ET DES ACCESSOIRES...

C'EST BIEN UN PASSE-TEMPS DE FILS DE CIVIL, TIENS !

ET NATURELLEMENT, IL VA L'AFFUBLER D'UN HORRIBLE CHAP... HÉ!!
534 A

PAPA, TU N'AURAIS PAS UN VIEUX CHAPEAU POUR MON BONHOMME DE NEIGE ?
UN VIEUX CHAPEAU ?... MAIS TU EN AS DÉJÀ UN !

HA! HA! HA! HA!
AH! BEN, ÇA!!!

OÙ AS-TU DÉNICHÉ CETTE HORREUR DE CHAPEAU ? HO! HO!

HA! HA! HA! ON DIRAIT LA VOISINE... MAIS EN MOINS AFFREUSE !
AÏE! AÏE!

QU'EST-CE QUI S'EST PASSÉ ? QU'EST-CE QUI S'EST PASSÉ ?
OUINN!
Roba
534 B

Gi(boule)ées

QUEL RADIEUX SOLEIL APRÈS CE LONG HIVER !

ON VA PRENDRE LE BALLON POUR FAIRE UNE PARTIE DE "FOOT". D'ACCORD?
BEAU TEMPS, LES ENFANTS, HEIN?... JE VAIS AUSSI EN PROFITER!... UNE PETITE BALADE ME FERA DU BIEN !
WAF!

?

HÉ! NON!... NE SORTEZ PAS!... IL PLEUT À VERSE ET IL TOMBE DES GRÊLONS COMME DES ...
TAP! TAP!
535A

?

PFFF!... FAIT TROP CHAUD POUR FAIRE DU "FOOT"!... ON VA PLUTÔT JOUER AUX BILLES!

AAAAAH!

J'EN AI MARRE DES GIBOULÉES!!
?
535B

Chuut... du Niagara

Vie d'artiste

Un cas

(1) C'EST ICI!

Poulet d'avril

Brrr...

NOUS NOUS TROUVONS, ICI, DANS LA SALLE DITE "DES CHEVALIERS DU JUGEMENT DERNIER"!

C'EST ICI QUE LES TERRIBLES CHEVALIERS RENDAIENT LEUR JUSTICE!... REMARQUEZ CET ÉTROIT PASSAGE BARRÉ D'UNE CHAÎNE...

IL EST STRICTEMENT INTERDIT D'Y PÉNÉTRER!... CE LUGUBRE COULOIR ÉTANT PARSEMÉ DE TRAPPES QUI PRÉCIPITERAIENT TOUT VISITEUR IMPRUDENT DANS DE SOMBRES OUBLIETTES!!...
BRR!

C'EST CE COULOIR QU'EMPRUNTAIENT LES MALHEUREUX CONDAMNÉS PAR LE TRIBUNAL DES CHEVALIERS DU JUGEMENT DERNIER... POUR NE PLUS JAMAIS EN REVENIR!
540A

PERSONNE N'A JAMAIS EXPLORÉ CES OUBLIETTES!... D'AILLEURS, ON SAIT TROP BIEN CE QUE L'ON Y TROUVERAIT, HÉLAS!...
AH, OUI?

IL PARAÎTRAIT QUE JADIS UNE DES OUBLIETTES DONNAIT SUR UN PASSAGE SOUTERRAIN QUI ABOUTISSAIT SOUS L'ÉTANG!... MAIS ÇA N'A JAMAIS ÉTÉ PROUVÉ!

LA VISITE CONTINUE!... SUIVEZ LE GUIDE, SIOUPLAÎT!
VIENS, BILL! BILL!

BILL!... REVIENS!... BIIIIIL!...
BILL!... BIIIIL! IL NE RÉPOND PAS!!
AÏEAÏEAÏE!... VOUS POUVEZ DIRE ADIEU À VOTRE FIDÈLE COMPAGNON!
AH! MES ENFANTS! QUELLE CHUTE!... J'AI BIEN CRU NE PLUS POUVOIR EN SORTIR!... MAIS ÇA EN VALAIT VRAIMENT LA PEINE!
Roba
540B

Les albums du journal Spirou

AGENT 212

1. 24 heures sur 24
2. Au nom de la loi
3. Sens interdit
4. Voie sans issue
5. Poulet aux amendes
6. Ronde de nuit
7. Un flic à l'ombre
8. Pas de panique

ARCHIE CASH

1. Le maître de l'épouvante
2. le carnaval des zombies
3. Le déserteur de Toro-Toro
4. Un train d'enfer
5. Cibles pour Long-Thi
6. Où règnent les rats
7. Le démon aux cheveux d'ange
8. Asphalte
9. Le cagoulard aux yeux rouges
10. Le chevalier de la mort verte
11. The Pop Corn Brothers
12. Les petits bouddhas qui chantent faux
13. Les Rastas et le bouffon bleu
14. Chasse-cœur à Koa-Gulé

ARISTOTE ET SES POTES

1. Service compris

ARKEL

1./2. Spécial double : Les sept diables supérieurs
3. Lilith

BENOIT BRISEFER

1. Les taxis rouges
2. Madame Adolphine
3. Les douze travaux de Benoît Brisefer
4. Tonton Placide
5. Le cirque Bodoni
6. Lady d'Olphine
7. Le fétiche

BERTHET

1. Le privé d'Hollywood
2. Mortes saisons
3. Couleur café
4. Amerika

BIDOUILLE ET VIOLETTE

1. Les premiers mots
2. Les jours sombres
3. La reine des glaces
4. La ville de tous les jours

BOBO

1. Bobo prend l'air
2. Bobo prend la mer
3. Bobo comic's troupier
4. Un sac en cavale
5. Destination Lune
6. L'homme-obus
7. La prison dorée
8. Le volontaire
9. Le professionnel

BOULE ET BILL

60 gags de Boule et Bill 1
60 gags de Boule et Bill 2
60 gags de Boule et Bill 3
60 gags de Boule et Bill 4
60 gags de Boule et Bill 5
60 gags de Boule et Bill 6
60 gags de Boule et Bill 7

8. Papa, maman, Boule et... moi
9. Une vie de chien
10. Attention, chien marrant !
11. Jeux de Bill
12. Ce coquin de cocker
13. Carnet de Bill
14. Ras le Bill !
15. Bill, nom d'un chien !
16. Souvenirs de famille
17. Tu te rappelles, Bill ?
18. Bill est maboul !
19. Globe-trotters
20. Strip Cocker
21. Billets de Bill

BROUSSAILLE

1. Les baleines publiques
2. Les sculpteurs de lumière

BUCK DANNY

1. Les Japs attaquent
2. Les mystères de Midway
3. La revanche des Fils du Ciel
4. les Tigres Volants
5. Dans les griffes du Dragon Noir
6. Attaque en Birmanie
7. Les trafiquants de la mer Rouge
8. Les pirates du désert
9. Les gangsters du pétrole
10. Pilotes d'essais
11. Ciel de Corée
12. Avions sans pilotes
13. Un avion n'est pas rentré
14. Patrouille à l'aube
15. NC 22654 ne répond plus
16. Menace au Nord
17. Buck Danny contre Lady X
18. Alerte en Malaisie
19. Le tigre de Malaisie
20. S.O.S. soucoupes volantes
21. Un prototype a disparu
22. Top secret
23. Mission vers la vallée perdue
24. Prototype FX 13
25. Escadrille ZZ
26. Le retour des Tigres Volants
27. Les Tigres Volants à la rescousse
28. Tigres Volants contre pirates
29. Opération Mercury
30. Les voleurs de satellites
31. X-15
32. Alerte à cap Kennedy
33. Le mystère des avions fantômes
34. Alerte atomique
35. L'escadrille de la mort
36. Les Anges bleus
37. Le pilote au masque de cuir
38. La vallée de la mort verte
39. Requins en mer de Chine
40. Ghost Queen

Hors collection :
Tarawa, atoll sanglant, (2 volumes)

LES CENTAUROS, AURORE ET ULYSSE

1. La porte du néant
2. Le loup à deux têtes
3. L'odyssée
4. Les Amazones

CRISTAL

1. Venu d'ailleurs
2. Les tueurs d'un autre monde
3. Passeport pour l'angoisse
4. Sortilèges à Bahia

DOCTEUR POCHE

1. Il est minuit, docteur Poche
2. L'île des hommes-papillons
3. Karabouilla et les belles vacances
4. La planète des chats
5. Le géant qui posait des questions
6. Le renard bleu
7. Le petit singe qui faisait des manières
8. Gags en poche

LES FEMMES EN BLANC

1. Les femmes en blanc
2. Gaze à tous les étages
3. Le retour des supermalades

FELIX

5. Le tueur fantôme
6. Au pays du matin calme
7. La liste n° 3
8. La momie mène la danse
9. L'homme invisible

GASTON LAGAFFE

0. Gaffes et gadgets
R1. Gala des gaffes à gogo
R2. Le bureau des gaffes en gros
R3. Gare aux gaffes du gars gonflé
R4. En direct de Lagaffe
R5. Le lourd passé de Lagaffe
6. Des gaffes et des dégâts
7. Un gaffeur sachant gaffer
8. Lagaffe nous gâte
9. Le cas Lagaffe
10. Le géant de la gaffe
11. Gaffes, bévues et boulettes
12. Le gang des gaffeurs
13. Lagaffe mérite des baffes
14. La saga des gaffes

GENIAL OLIVIER

1. L'école en folie
2. Le génie et sa génération
3. Génie, vidi, vici
4. Un généreux génie gêné
5. Le génie se surpasse
6. Un ingénieux ingénieur génial
7. Le passé recomposé
8. Electrons, molécules et pensums
9. L'électron et le blason
10. Un génie ingénu
11. Génie, péripéties et facéties
12. Un génie est chez nous
13. Un génie gai nickelé
14. Un génie un peu nigaud
15. Hi-Fi génie

GERMAIN

1. Qu'est-ce qu'on fait ?
2. C'est pas bientôt fini, ce silence ?
3. Vous trouvez ça bon ?
4. C'est pour la vie ?
5. Germain et nous
6. Qu'attend-on ?
7. Non, mais vous vous rendez compte ?
8. Mais qu'est-ce qu'il lui faut ?
9. Vous y croyez vraiment ?
10. Ça ne vous fait pas peur ?

GIL JOURDAN

1. Libellule s'évade
2. Popaïne et vieux tableaux
3. La voiture immergée
4. Les cargos du crépuscule
5. L'enfer de Xique-Xique
6. Surboum pour 4 roues
7. Les moines rouges
8. Les 3 taches
9. Le gant à 3 doigts
10. Le Chinois à deux roues
11. Chaud et froid
12. Pâtée explosive
13. Carats en vrac
14. Gil Jourdan et les fantômes
15. Sur la piste d'un 33 tours
16. Entre deux eaux

GINGER

1. Les yeux de feu
2. L'affaire Azinski
3. Les mouches de Satan

GODAILLE ET GODASSE

1. Madame Sans-Gêne
2. Sacré sacre !
3. Un hussard à la mer
4. Révolte en Espagne

GULLY

1. Les aventures de Gully
2. Le pays des menteurs
3. Le poisson bleu

LAÏYNA

1. La forteresse de pierre

L'HISTOIRE EN BANDES DESSINEES

1. L'épopée sanglante du Far West
2. Les mystérieux chevaliers du ciel
3. Incroyables aventures d'animaux
4. L'enfer sur mer
5. Les aventuriers du ciel
6. Héroïnes inconnues
7. Godefroi de Bouillon
8. Au cœur des grandes catastrophes
9. Baden-Powell (1re partie)
10. Baden-Powell (2e partie)
11. Surcouf (tome 1)
12. Surcouf (tome 2)
13. Surcouf (tome 3)
14. Charles de Foucauld
15. Mermoz
16. Stanley (tome 1)
17. Stanley (tome 2)

ISABELLE

1. Le tableau enchanté
2. Isabelle et le capitaine
3. Les maléfices de l'oncle Hermès
4. L'astragale de Cassiopée
5. Un empire de dix arpents
6. L'étang des sorciers
7. L'envoûtement du Népanthès

JEAN VALHARDI

1. Soleil noir
2. Le gang des diamants
3. Le château maudit
4. L'affaire Barnes
5. Le rayon super-gamma
6. La machine à conquérir le monde
7. Le mauvais œil
8. Le secret de Neptune
9. Rendez-vous sur le Yukon
10. Le naufrageur aux yeux vides
11. Le retour de Valhardi
12. Le grand rush
13. Le duel des idoles
14. Un gosse à abattre
15. Les êtres de la forêt

JEANNETTE POINTU

1. Le fils de l'Inca
2. Quatre × quatre
3. Le dragon vert

J.K. JEROME BLOCHE

1. L'ombre qui tue
2. Les êtres de papier
3. A la vie, à la mort
4. Passé recomposé

JERRY SPRING

3. Lune d'argent
4. Trafic d'armes
5. La passe des Indiens
6. La piste du Grand Nord
7. Le ranch de la malchance
8. Les 3 barbus de Sonoyta
9. Fort Red Stone
10. Le maître de la Sierra
11. La route de Coronado
12. El Zopilote
13. Pancho, hors-la-loi
14. Les broncos du Montana
15. Le loup solitaire
16. La fille du canyon
17. Le grand calumet
18. Le duel
19. Les vengeurs du Sonora
20. Jerry contre K.K.K.
21. L'or de personne

JESS LONG

1. Le bouddha écarlate
2. Les ombres du feu
3. La piste sanglante
4. Les masques de mort
5. Il était deux fois dans l'Ouest
6. Grand Canyon
7. La mort jaune
8. L'intimidation
9. La shérif
10. La bête
11. Ses adieux à la scène
12. Neige poudreuse à Liège

JOHAN ET PIRLOUIT

1. Le châtiment de Basenhau
2. Le maître de Roucybeuf
3. Le lutin du bois aux roches
4. La pierre de lune
5. Le serment des Vikings
6. La source des dieux
7. La flèche noire
8. Le sire de Montrésor
9. La flûte à six schtroumpfs
10. La guerre des sept fontaines
11. L'anneau des Castellac
12. Le pays maudit
13. Le sortilège de Maltrochu

LES JUNGLES PERDUES

1. Le grand safari
2. Chasseurs d'ivoire
3. Le trésor du Kawadji
4. S.O.S. jungle !
5. La saga des gorilles
6. Rapt
7. Les aventuriers de la préhistoire
8. Les chevaliers de l'enfer
9. Le péril rouge
10. Les épaves ressuscitées

LES KROSTONS

1. Ballade pour un Kroston
2. La maison des mutants
4. L'héritier

LUCKY LUKE

1. La mine d'or de Dick Digger
2. Rodéo
3. Arizona
4. Sous le ciel de l'Ouest
5. Lucky Luke contre Pat Poker
6. Hors-la-loi
7. L'élixir du docteur Doxey
8. Phil Defer
9. Des rails sur la prairie
10. Alerte aux Pieds-Bleus
11. Lucky Luke contre Joss Jamon
12. Les cousins Dalton
13. Le juge
14. Ruée sur l'Oklahoma
15. L'évasion des Dalton
16. En remontant le Mississippi
17. Sur la piste des Dalton
18. A l'ombre des derricks
19. Les rivaux de Painful Gulch
20. Billy the Kid
21. Les collines noires
22. Les Dalton dans le blizzard
23. Les Dalton courent toujours
24. La caravane
25. La ville fantôme
26. Les Dalton se rachètent
27. Le 20e de Cavalerie
28. L'escorte
29. Des barbelés sur la prairie
30. Calamity Jane
31. Tortillas pour les Dalton

MARC DACIER

1. Aventures autour du monde
2. A la poursuite du soleil
3. Au-delà du Pacifique
4. Les secrets de la mer de Corail
5. La main noire
6. L'abominable homme des Andes
7. L'empire du soleil
8. Le péril guette sous la mer
9. Les sept cités de Cibola
10. Les négriers du ciel
11. Chasse à l'homme
12. L'or du "Vent d'Est"
13. Le train fantôme

LES MOTARDS

1. Les motards
2. Et les motards, mon cher Watson?
3. Mieux vaut motard que jamais

NATACHA

1. Natacha, hôtesse de l'air
2. Natacha et le maharadjah
3. La mémoire de métal
4. Un trône pour Natacha
5. Double vol
6. Le treizième apôtre
7. L'hôtesse et Monna Lisa
8. Instantanés pour Caltech
9. Les machines incertaines
10. L'île d'outre-monde
11. Le grand pari
12. Les culottes de fer

PAPYRUS

1. La momie engloutie
2. Le maître des trois portes
3. Le colosse sans visage
4. Le tombeau du pharaon
5. L'Egyptien blanc
6. Les quatre doigts du dieu Lune
7. La vengeance de Ramsès
8. La métamorphose d'Imhotep
9. Les larmes du géant
10. La pyramide noire

LA PATROUILLE DES CASTORS

1. Le mystère de Grosbois
2. Le disparu de Ker-Aven
3. L'inconnu de la villa Mystère
4. Sur la piste de Mowgli
5. La bouteille à la mer
6. Le trophée de Rochecombe
7. Le secret des monts Tabou
8. Le hameau englouti
9. Le traître sans visage
10. Le signe indien
11. Les loups écarlates
12. Menace en Camargue
13. La couronne cachée
14. Le chaudron du diable
15. L'autobus hanté
16. Le fantôme
17. Le pays de la mort
18. Les démons de la nuit
19. Vingt milliards sous la terre
20. El Demonio
21. Passeport pour le néant
22. Prisonniers du large
23. L'envers du décor
24. Souvenirs d'Elcasino
25. L'empreinte
26. L'île du Crabe
27. Blocus

PAUVRE LAMPIL

4 volumes

PECHES DE JEUNESSE

25 classiques des débuts de Derib, Franquin, Jidéhem, Jijé, Lambil, Macherot, Mazel, MiTacq, Sirius, Tillieux, Walthéry et Will.

LES PETITS HOMMES

1. L'exode
2. Des Petits Hommes au Brontoxique
3. Les guerriers du passé
4. Le lac de l'auto
5. L'œil du cyclope
6. Le vaisseau fantôme
7. Les ronces du samouraï
8. Du rêve en poudre
9. Le triangle du diable
10. Le peuple des abysses
11. Dans les griffes du Seigneur
12. Le guêpier
13. Les prisonniers du temps
14. Petits Hommes et hommes-singes
15. Mosquito 417
16. La planète Ranxérox
17. Le trou blanc
18. Le pickpocket
19. Alerte à Eslapion
20. Rapt en sous-sol
21. Les 6 clones
22. L'ermite de Rochafleur

PIERRE TOMBAL

1. Les 44 premiers trous
2. Histoires d'os
3. Mort aux dents

POUSSY

1. Ça, c'est Poussy
2. Faut pas Poussy
3. Poussy Poussa

421

1. Guerre froide
2. Bons baisers du septième ciel
3. Suicides
4. L'empire du milieu
5. Scotch Malaria

LA RIBAMBELLE

1. La Ribambelle gagne du terrain
2. La Ribambelle en Ecosse
3. La Ribambelle enquête
4. La Ribambelle contre-attaque
5. La Ribambelle s'envole
6. La Ribambelle aux Galopingos

SAMMY

1. Bons vieux pour les gorilles
2. Rhum Row
3. El Presidente
4. Les gorilles marquent des poings
5. Le gorille à huit pattes
6. Les gorilles font les fous
7. Les gorilles au pensionnat
8. Les gorilles et le Roi Dollar
9. Les pétroleurs du désert
10. Nuit blanche pour les gorilles
11. Deux histoires de gorilles
12. L'élixir de jeunesse
13. Le grand frisson
14. Les gorilles marquent des buts
15. Les gorilles à Hollywood
16. Ku-Klux-Klan
17. Les bébés flingueurs
18. Panique au Vatican
19. En piste, les gorilles!
20. Ma Attaway
21. Miss Kay
22. L'homme qui venait de l'au-delà
23. La diva

LES SCHTROUMPFS

1. Les Schtroumpfs noirs
2. Le Schtroumpfissime
3. La Schtroumpfette
4. L'œuf et les Schtroumpfs
5. Les Schtroumpfs et le Cracoucass
6. Le Cosmoschtroumpf
7. L'apprenti Schtroumpf
8. Histoires de Schtroumpfs
9. Schtroumpf vert et vert Schtroumpf
10. La soupe aux Schtroumpfs
11. Les Schtroumpfs olympiques
12. Le bébé Schtroumpf

LE SCRAMEUSTACHE

1. L'héritier de l'Inca
2. Le magicien de la Grande Ourse
3. Le continent des deux lunes
4. Le totem de l'espace
5. Le fantôme du Cosmos
6. La fugue du Scrameustache
7. Les Galaxiens
8. La menace des Kromoks
9. Le dilemme de Khéna
10. Le prince des Galaxiens
11. Le renégat
12. La saga de Thorgull
13. Le secret des Trolls
14. Les Kromoks en folie
15. Le stagiaire
16. Le grand retour

SIBYLLINE

1. Sibylline et la betterave
2. Sibylline en danger
3. Sibylline et les abeilles
4. Sibylline et le petit cirque
5. Sibylline s'envole
6. Sibylline et les cravates noires
7. Elixir le maléfique
8. Burokratz le vampire
9. Le chapeau magique
10. Le violon de Zagabor
11. Sibylline et le kulgude

SODA

1. Un ange trépasse
2. Lettres à Satan

LES SNORKY

1. Le requin jaune
2. Un Snorky à la dérive
3. Mousse en péril

SOPHIE

1. L'œuf de Karamazout
2. La bulle du silence
3. Les bonheurs de Sophie (1)
4. Qui fait peur à Zoé?
5. Le rayon Kâ
6. La maison d'en face
7. Sophie et le cube qui parle
8. Les bonheurs de Sophie (2)
9. La tiare de Matlotl Halatomatl
10. Sophie et le douanier Rousseau
11. Sophie et le souffle du dragon
12. Cette sacrée Sophie
14. Sophie et l'inspecteur Céleste
15. Sophie et Donald Mac Donald
16. Rétro Sophie
17. Sophie et Cie

SPIROU ET FANTASIO

1. Quatre aventures de Spirou et Fantasio
2. Il y a un sorcier à Champignac
3. Les chapeaux noirs
4. Spirou et les héritiers
5. Les voleurs de marsupilami
6. La corne du rhinocéros
7. Le dictateur et le champignon
8. La mauvaise tête
9. Le repaire de la murène
10. Les pirates du silence
11. Le gorille a bonne mine
12. Le nid des marsupilamis
13. Le voyageur du Mésozoïque
14. Le prisonnier du bouddha
15. Z comme Zorglub
16. L'ombre du Z
17. Spirou et les hommes-bulles
18. QRN sur Bretzelburg
19. Panade à Champignac
20. Le faiseur d'or
21. Du glucose pour Noémie
22. L'abbaye truquée
23. Tora-Torapa
24. Tembo Tabou
25. Le gri-gri du Niokolo-Koba
26. Du cidre pour les étoiles
27. L'Ankou
28. Kodo, le tyran
29. Des haricots partout
30. La ceinture du grand froid
31. La boîte noire
32. Les faiseurs de silence
33. Virus
34. Aventure en Australie
35. Qui arrêtera Cyanure?
36. L'horloger de la comète
37. Le réveil du Z
38. La jeunesse de Spirou
39. Spirou à New York

THÉODORE POUSSIN

1. Capitaine Steene
2. Le mangeur d'archipels

TIF ET TONDU

1. La villa Sans-Souci
2. Le trésor d'Alaric
3. Oscar et ses mystères
4. Tif et Tondu contre la Main Blanche
5. Le retour de Choc
6. Passez muscade
7. Plein gaz
8. La villa du Long-Cri
9. Choc au Louvre
10. Les flèches de nulle part
11. La poupée ridicule
12. Le réveil de Toar
13. Le grand combat
14. La matière verte
15. Tif rebondit
16. L'ombre sans corps
17. Tif et Tondu contre le Cobra
18. Le roc maudit
19. Sorti des abîmes
20. Les ressuscités
21. Le scaphandrier mort
22. Un plan démoniaque
23. Tif et Tondu à New York
24. Aventure birmane
25. Le retour de la bête
26. Le gouffre interdit
27. Les passe-montagnes
28. Métamorphoses
29. Le sanctuaire oublié
30. Echecs et match
31. Swastika
32. Traitement de Choc
33. Choc 235
34. Le fantôme du samouraï
35. Dans les griffes de la Main Blanche
36. Magdalena

TIMOUR

1. La tribu de l'homme rouge
2. La colonne ardente
3. Le talisman de Timour
4. Le glaive de bronze
5. Le captif de Carthage
6. Le fils du centurion
7. Le gladiateur masqué
8. Timour contre Attila
9. Le cachot sous la Seine
10. Le cavalier sans visage
11. La francisque et le cimeterre
12. Timour d'Armor
13. Mission à Byzance
14. Le drakkar rouge
15. Alerte sur le fleuve
16. Le serment de Hastings
17. L'ombre du Cid
18. La galère pirate
19. Le fils du Croisé
20. L'oiseau flamboyant
21. Le sceau du Templier
22. La gondole noire
23. L'or du gouffre
24. Terre sauvage
25. La nuit rouge

LES TUNIQUES BLEUES

1. Un chariot dans l'Ouest
2. Du Nord au Sud
3. Et pour 1.500 dollars en plus
4. Outlaw
5. Les déserteurs
6. La prison de Robertsonville
7. Les bleus de la marine
8. Les cavaliers du ciel
9. La grande patrouille
10. Des bleus et des tuniques
11. Des bleus en noir et blanc
12. Les bleus tournent cosaques
13. Les bleus dans la gadoue
14. Le blanc-bec
15. Rumberley
16. Bronco Benny
17. El Padre
18. Blue rétro
19. Le David
20. Black Face
21. Les 5 salopards
22. Des bleus et des dentelles
23. Les cousins d'en face
24. Baby blue
25. Des Bleus et des bosses
26. L'or du Québec
27. Bull Run

VIEUX NICK

2. Le vaisseau du diable
3. Les mangeurs de citron
4. L'île de la Main-Ouverte
5. Les mutinés de la Sémillante
6. Dans la gueule du dragon
7. Aux mains des Akwabons
8. Sa Majesté se rebiffe
9. L'or du « El Terrible »
10. Le trois-mâts fantôme
11. Les boucaniers
12. Barbe-Noire et les Indiens
26. L'île rouge

YOKO TSUNO

1. Le trio de l'étrange
2. L'orgue du diable
3. La forge de Vulcain
4. Aventures électroniques
5. Message pour l'éternité
6. Les trois soleils de Vinéa
7. La frontière de la vie
8. Les titans
9. La fille du vent
10. La lumière d'Ixo
11. La spirale du temps
12. La proie et l'ombre
13. Les archanges de Vinéa
14. Le feu de Wotan
15. Le canon de Kra
16. Le dragon de Hong Kong

ALBUMS DE LUXE

(de 96 à 192 pages)

Spécial L. Luke (10 volumes)
Tout B. Danny (10 volumes)
Tout Gil Jourdan (6 volumes)
Ensemble (2 volumes)